МОДЕЛЬ ЗРОСТАННЯ ГРАЙНЕР ДЛЯ ОРГАНІЗАЦІЙНИХ ЗМІН

Передбачення криз та адаптація до мінливого світу бізнесу

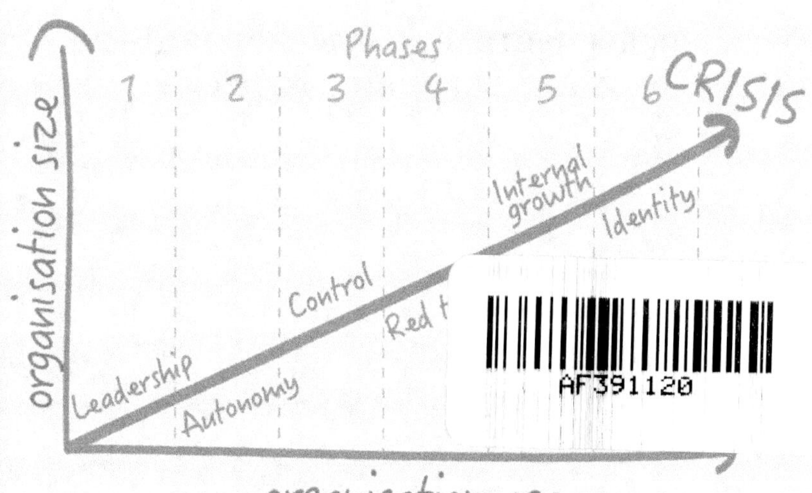

МОДЕЛЬ ЗРОСТАННЯ ГРАЙНЕР ДЛЯ ОРГАНІЗАЦІЙНИХ ЗМІН

Передбачення криз та адаптація до мінливого світу бізнесу

написаний Jean Blaise Mimbang
перекладено Yaroslav Melnik

МОДЕЛЬ ЗРОСТАННЯ ГРАЙНЕР ДЛЯ ОРГАНІЗАЦІЙНИХ ЗМІН

МОДЕЛЬ ЗРОСТАННЯ ГРАЙНЕР ДЛЯ ОРГАНІЗАЦІЙНИХ ЗМІН

КЛЮЧОВА ІНФОРМАЦІЯ

- **Імена:** Модель зростання Грейнера, модель організаційного зростання Грейнера.

- **Застосування:** Управління кризами в компанії, визначення стратегії та моделювання організаційного зростання.

- **Чому вона успішна?**

  - Модель є теоретично прогностичною. Залежно від сектору діяльності компанії та змін у факторах зовнішнього середовища, вона дозволяє користувачам визначити та передбачити наступну кризу (структурну або функціональну зміну), з якою доведеться мати справу організації.

  - Він дозволяє користувачам визначити певні показники з минулого організації, які є критично важливими для її майбутнього успіху.

  - Це полегшує розуміння того, як працюють швидкозростаючі компанії (стартапи).

- **Ключові слова:**

  - <u>Організаційні зміни</u>: Процес трансформації структури в заданому контексті.

  - <u>Життєвий цикл організації</u>: Всі фази, від створення до можливого припинення, через які проходить компанія.

ВСТУП

> *"Історія будь-якої частини Землі, як і життя солдата, складається з довгих періодів нудьги і коротких періодів жаху."*

Ця цитата британського геолога Дерека В. Агера (Derek V. Агера, наведену Стівеном Джеєм Гулдом (американським палеонтологом, 1941-2002) у його книзі "Палець *панди*" (1982), можна з великою часткою ймовірності застосувати і до людей, і до бізнесу. Дійсно, як і люди, компанії є складними організаціями, які протягом свого існування зазнають різноманітних змін. Ці зміни включають в себе більш-менш значні періоди кризи, які можуть загрожувати самому виживанню організації.

В умовах сучасної економічної реальності глобалізації всі підприємства повинні вирішувати проблему конкурентоспроможності. Компанії, які досягають успіху у вирішенні цього завдання, є тими, які найкраще управляють та передбачають часи змін та наступні етапи розвитку компанії.

Залежно від галузі діяльності організації та факторів зовнішнього середовища, модель, розроблена Ларрі Е. Грейнером (американський академік, нар. 1933 р.), дозволяє компанії візуалізувати, на якій фазі вона перебуває, та передбачити наступну кризу, з якою їй доведеться зіткнутися, щоб перетворити її на можливість для нової фази зростання.

ІСТОРІЯ

Теорії, пов'язані з організаційними змінами, були розроблені з післявоєнного періоду і порівнюються та асоціюються з трьома основними економічними періодами, які мали місце з 1945 року (Desreumaux, 1996).

- Перший період розпочався після війни і закінчився на початку 1970-х років. Він відповідає фазі сильного глобального економічного зростання, в результаті якого система знаходиться в стані рівноваги.

- Другий період розпочався з початком нафтових криз 1970-х років і тривав до економічної кризи початку 1980-х років. Саме на цьому етапі, який характеризувався високим рівнем смертності бізнесу та значними організаційними змінами, у 1972 році з'явилася модель зростання Грейнера (Greiner Growth Model).

- Третій і останній період, який можна ідентифікувати, охоплює період з початку 1990-х років до сьогоднішнього дня. Економічний контекст цієї фази постійних змін характеризується турбулентністю та непередбачуваністю.

ВИЗНАЧЕННЯ МОДЕЛІ

На думку Ларрі Е. Грейнера, протягом свого існування компанія проходить через п'ять чітко визначених фаз зростання, що чергуються з п'ятьма ключовими моментами, відомими як "кризи". Перехід від однієї фази до іншої досягається за допомогою структурних адаптацій, які відображають еволюційний характер організаційної системи.

Фази змін залежать від внутрішніх (вік, розмір, фази зростання та революції тощо) та зовнішніх (конкуренція, географічне розташування, темпи зростання галузі тощо) факторів організації. Виділяють п'ять фаз зростання:

- творчість;

- напрямку;

- делегації;

- координація;

- співпраця.

Ці фази потенційно перемежовуються п'ятьма кризами: лідерства, автономії, контролю, бюрократії та зростання.

ТЕОРІЯ

ЖИТТЄВІ ЦИКЛИ

Подібно до того, як організація протягом своєї історії проходить через фази більш-менш значних змін, які можуть поставити під загрозу її виживання, люди розвиваються поступово з плином часу, проходячи через періоди криз, які можуть призвести до їх загибелі.

Біологічний життєвий цикл

Біологічний життєвий цикл відповідає періоду часу, протягом якого відбувається все життя організму, починаючи з його зачаття. Загалом, біологічний життєвий цикл починається з народження, за яким слідує період зростання, що призводить до зрілості, перед можливим періодом занепаду, і, нарешті, смерть. Залежно від життєвого циклу, що вивчається, термінологія відрізняється, хоча процес залишається порівнянним.

Проілюструвати це можна на прикладі біологічного життєвого циклу людини:

- За зачаттям слідує народження і дитинство. Це "стартовий період".

- Потім настає підлітковий вік, який характеризується поширенням різноманітного досвіду в сімейному колі та поза ним і відповідає фазі, яка називається "зростання". У цей час людина будує свою особистість якнайкраще шляхом спроб і помилок: вона росте і набуває нових знань і навичок кожного дня. Під час цієї фази зростання вона також відкриває свої таланти і слабкі сторони, які приводять її до вибору професії, а також почуттів і емоцій, таких як любов. Все це являє собою позитивні зміни в їхньому житті.

- Нарешті, неминуче виникають події, які гальмують зростання, такі як вихід на пенсію і старість, що знаменує перехід до фази занепаду. Цей "занепад" призводить до смерті, яка неминуча для всіх живих організмів.

Бізнес: низка життєвих циклів

На перший погляд може здатися, що компанія має лише один життєвий цикл. Однак це зовсім не так. Компанія часто опиняється на роздоріжжі, оскільки вона переживає багато різних життєвих циклів, включаючи матеріальні життєві цикли (життєвий цикл продукту, життєвий цикл технології або життєвий цикл маркетингу), людські та соціальні життєві цикли (життєвий цикл персоналу та життєвий цикл організації), а також життєвий цикл бізнесу, яким вона керує самостійно.

- Поняття **життєвого циклу товару** регулярно використовується серед фахівців з маркетингу, оскільки кожен товар проходить свій життєвий цикл. Цей цикл зазвичай має чотири фази: запуск, зростання, зрілість і спад. Однак деякі аналітики додають п'яту фазу, оскільки перед запуском продукту – як у випадку з ембріональним розвитком у людини – компанія проводить дослідження ринку, виготовляє прототипи тощо. Ця додаткова фаза є фазою розробки і має на меті зменшити ризик невдачі під час запуску продукту.

- **Комерційний життєвий цикл** подібний до життєвого циклу продукту, з тією лише різницею, що четверта фаза відповідає потенційному повторному запуску.

- **Життєвий цикл технологій.** Як і продукція, технологія має свій життєвий цикл, який складається з чотирьох фаз: ранні технології, технології, що розвиваються, ключові технології та основні технології.

- **Життєвий цикл персоналу. Що** стосується персоналу, то існує також життєвий цикл, заснований на кар'єрі окремих працівників. Цей цикл починається з найму, за яким слідує зростання (включаючи навчання, просування по службі тощо), зрілість (в цей момент працівник стає старшим, тому в середньостроковій перспективі необхідно буде шукати йому заміну) і закінчується занепадом (звільнення, вихід на пенсію тощо).

- **Життєвий цикл організації або бізнесу,** який Грайнер представляє як процес зростання, що складається з п'яти фаз.

ОРГАНІЗАЦІЙНІ ЗМІНИ

Нагадаємо, що організаційні зміни визначаються через посилання на певний контекст або ситуацію. Вони також можуть бути визначені на противагу безперервності.

Моделі зростання

Теорії, що стосуються темпів організаційних змін, значно еволюціонували з кінця 1950-х років. Для полегшення аналізу різних структурних типологій можна звернутися до висновків Алена Дезремо (французький академік, нар. 1944 р.) у його книзі 1996 р. *"Нові форми організації та еволюції підприємства"* (*Nouvelles formes d'organisation et évolution de l'entreprise*).

Автор використовує виміри "рівень контролю гравців" (з розрізненням "детермінізму" та "волонтерства") та "локалізація факторів" (з розрізненням "ендогенних" та "екзогенних" факторів змін; деякі теоретики вважають, що середовище є не лише рушієм змін, але й елементом відбору в організаціях).

Матриця Дезремо надає огляд основних теорій, що стосуються темпів організаційних змін.

- **Детермінізм.** Основними характеристиками рухів, пов'язаних з детермінізмом, є здатність організації до інерції та потужна роль зовнішнього середовища у зміні її структур. Дійсно, навколишнє середовище діє як інструмент відбору для організацій, які не розвинули свою гнучкість, а отже, і здатність адаптуватися до змін. Згідно з цією школою мислення, зміни витримують як працівники, які можуть, наприклад, опинитися звільненими за одну ніч, так і компанії, які не можуть забезпечити фінансову рівновагу. Основними перешкодами на шляху реорганізації компанії вважаються історичні та культурні аспекти, природний людський опір змінам, страх перед невідомим тощо. Цей неодарвіністський погляд намагається показати межі здатності організацій до адаптації. Згідно з однією радикальною точкою зору, втіленою американськими соціологами Майклом Т. Ханнаном та Джоном Х. Фріменом (1977 р.), лідери не мають контролю над середовищем, тоді як менш детерміністська точка зору, підтримана Джеффрі Пфеффером (фахівець з організаційної поведінки, нар. 1946 р.) та Джеральдом Р. Саланчиком (організаційний теоретик, 1943-1996 рр.) у 1978 р., приписує лідерам символічну роль під час змін.

- **Волонтерство.** Волонтерський рух характеризується здатністю учасників створювати динаміку змін в організації. Рушійною силою змін тут є активна роль керівників, які мають можливість і бажання змінювати організацію. Її доля знаходиться в руках керівників і тих, хто має владу. Головним представником цієї школи є Джон Чайлд (теоретик менеджменту та організації, 1972 р.). Організаційні зміни розглядаються як інструмент, контрольований керівництвом, який є предметом стратегічного випереджувального передбачення, що здійснюється на поступовій і безперервній основі. Стратегічна та організаційна влада ґрунтується на готовності керівників до змін та їх здатності бути визнаними легітимними: такий тип керівника сьогодні описується як "лідер-натхненник" (inspirational leader). До напряму теорії стратегічного вибору належать теорії стратегічного планування Джеррі Джонсона (професор стратегічного менеджменту, 1987 р.) та Алена-Шарля Мартіне (французький професор управлінських наук та бізнес-менеджменту). На думку цих двох авторів, темп змін може набути революційного спрямування завдяки здатності лідера встановлювати терміни для змін в організації. Зміни, а отже і трансформація соціальних структур, є результатом безперервної взаємодії між різними індивідами (колективного інтелекту, що дозволяє розглядати нові рішення). Її можна розуміти як "повторення формулювання цілей, розвитку, модифікації та взаємодії між акторами"[1] (Giordano, 1995). Однак не існує фіксованої послідовності, і важко передбачити або ідентифікувати періоди кризи в структурі організації.

Розвиток організації

Загалом вважається, що розвиток організації проходить чотири фази: стабільна і безперервна фаза, фаза зростання без глибоких змін, фаза неконтрольованих змін і фаза глибокої трансформації організації.

- **Стабільність і спадкоємність.**

- **Поява поступових змін:** протягом цього періоду безперервні зміни дозволяють організації розвиватися, не порушуючи всю її структуру. Основні детермінанти організації в основному складаються з історії компанії, її культури та існуючої організаційної структури. Організаційні зміни в основному ініціюються ендогенними факторами. Фази зростання були описані як фази пожвавлення канадськими вченими Генрі Мінцбергом та Френсісом Вестлі в 1992 році. У прикладі, розробленому Дезремо, це відповідає періоду економічного зростання між 1945 та 1973 роками.

- **Хаос.**

....

1. Ця цитата перекладена сайтом 50Minutes.com.

- **Структурна революція:** революційні процеси організаційних змін часто відповідають фазам високого тиску з боку зовнішнього середовища, що змушує організації розвиватися швидкими темпами з ризиком зникнення. Тоді організація підштовхується до межі своєї здатності приймати зміни. Для Дезремо ці фази з'явилися з економічними потрясіннями, частково пов'язаними з нафтовою кризою середини 1970-х років. Вони відповідають етапам, пов'язаним з переглядом бізнес-моделей, основ управління організацією та основної структури організації. Остання характеризується сильним опором змінам з боку окремих осіб і груп осіб.

Щоб пройти цей революційний етап, який Мінцберг і Вестлі (1992) назвали "періодом повороту", організаціям необхідно зосередитися, перш за все, на управлінні двома ключовими елементами, а саме: кризою і надзвичайною ситуацією. На цьому етапі їм необхідно зруйнувати минуле, щоб побудувати майбутнє.

 Опір змінам

Під час кризи зміни можуть сприйматися людьми як драматична подія. Якщо комунікація не є чіткою, вони можуть відчувати загрозу, боятися невизначеності та демонструвати свою спонтанну опозицію (наприклад, шляхом страйків). Опір змінам є природною реакцією людей, які прагнуть захистити себе і таким чином захистити себе від будь-яких сумнівів щодо балансу та стабільності організації, які можуть поставити під загрозу їхню власну функцію та/або легітимність. Багато теоретиків, зокрема Джеффрі Пфеффер та Джеральд Р. Саланчик, пояснюють механізми опору змінам (психологічні та соціальні механізми блокування у відповідь на невизначеність тощо).

Конні Герсік (фахівець з організаційної поведінки, 1991 р.) наголошує на важливості врахування історії компанії для аналізу меж її здатності до змін. Крім того, на думку Нільса Г.М. Брунссона (шведський економіст, 1982 р.), процес революційних змін характеризується зміною світогляду з боку організації, що створює невизначеність, демотивацію та перешкоджає процесу змін бути поступовим.

ІНКРЕМЕНТНІ ПІДХОДИ ДО ЖИТТЄВОГО ЦИКЛУ

Як ми бачили, цей дарвіністський підхід натхненний біологією: організація розглядається як живий організм, а зростання – як природне явище. З цієї точки зору, організаційні зміни включають в себе серію кумулятивних інкрементних змін. Організація може прийняти зміни до тих пір, поки вони є обмеженими, тоді як значні зміни є результатом непомітного накопичення невеликих модифікацій. Ця теорія визначає традиційне бачення змін як поступового та інкрементального процесу, структурованого навколо логічних послідовностей, які називаються фазами. Головний прихильник цієї теорії Джеймс Б. Куінн (1980) вважає, що зміни – це сума багатьох дрібних подій, які впливають одна на одну.

Теорія життєвого циклу є відносно старою і дуже широко використовується в управлінській літературі. У деяких випадках вона може бути застосована більше до організаційних змін, ніж до стратегічних змін.

Мінцберг та Вестлі у 1983 році зазначили, що життєвий цикл організації складається з п'яти фаз. Перша фаза – це фаза розвитку, яку уособлює лідер-візіонер, що ставить цілі. Друга фаза – це фаза стабільності, яка характеризується плануванням організаційної структури, впровадженням процедур і структуруванням організації. Після цього настає етап адаптації, який характеризується незначними змінами організаційної структури та стратегії, на відміну від етапу боротьби. Остання змушує організацію шукати новий стратегічний напрямок. Тоді в організації спостерігається безлад, виклики, ігри за владу та ставиться під сумнів існуюча структура. Етап революції включає в себе зміни, які зачіпають стратегію, культуру, структури та окремих людей в компанії. Мінцберг зацікавлений в поступових змінах і визнає існування періодів різких, коротких та інтенсивних змін в організації.

МОДЕЛЬ ЗРОСТАННЯ ЛАРРІ Е. ГРЕЙНЕРА

Для опису історії розвитку компанії Larry E. Greiner (1972) пропонує визначити показники з минулого організації, які можуть мати вирішальне значення для її майбутнього успіху.

Грайнер вважає, що важливо знати історію компанії для того, щоб визначити ключові фактори успіху та економічні показники з плином часу. Він стверджує, що зовнішні ринкові можливості визначають стратегію компанії, яка, в свою чергу, визначає структуру організації. Ця структура є центральною для майбутнього зростання компанії.

За його словами, кожна організація протягом свого існування проходить п'ять чітко визначених фаз. Кожна фаза характеризується поступовими змінами, за якими слідує перехідна криза або короткий період революції. Саме розв'язання цієї кризи дозволяє компанії перейти до наступної фази.

Етап творчості

Ця перша фаза відповідає запуску компанії на зростаючому ринку засновниками, які часто є технічними фахівцями або підприємцями, не обов'язково лідерами або навіть менеджерами.

Спілкування в організації є частим і неформальним, засновники та перші працівники не рахують свій робочий час і в цілому задоволені скромною заробітною платою. Основною мотивацією є успішний запуск проекту. Їхні обов'язки не завжди чітко визначені, кожен з них виконує кілька різних ролей, і вони з ентузіазмом виконують свої щоденні завдання, часто за допомогою колегіальних механізмів прийняття рішень: вони беруть активну участь у розбудові організації. Ризик на цьому етапі стосується зобов'язань та відходу членів організації (концепція *affectio societatis*), оскільки не потрібно багато зусиль, щоб розбалансувати нову структуру.

👁 Affectio Societatis

Цей латинський термін означає відносини між людьми, які спільно беруть участь у капіталі компанії: разом інвестують, спільно приймають рішення, ділять вигоди та ризики тощо. Найголовніше, що *affectio societatis* забезпечує певну гармонію, яка за логікою речей має тривати доти, доки компанія є активною. На жаль, це не завжди так.

Така ситуація призводить до **кризи лідерства**. Це відбувається тоді, коли компанія, вирісши і процвітаючи, повинна перебудувати свою діяльність в частині виробництва товарів і послуг, бухгалтерського обліку, управління людськими ресурсами і т.д. за принципом "спеціалізації функцій". Засновники не можуть обґрунтовано володіти всіма необхідними навичками і, на думку Грейнера, не в змозі мотивувати нових співробітників так само, як початкову команду. Крім того, вони можуть не бути справді ефективними, професійними менеджерами і не мати здатності до прийняття складних управлінських рішень.

Виходом з цієї кризи є наймання досвідчених менеджерів, які знають, як впровадити необхідні функціональні структури. Однак ця операція пов'язана з ризиками, оскільки у засновників та перших працівників може виникнути спокуса зберегти первісний дух та неформальний характер організації (бажання зберегти владу, криза самооцінки, викликана усвідомленням своїх обмежень тощо).

Фаза напрямку

Окрема особа отримала владу і керує організацією, що дозволяє їй продовжувати своє зростання в більш формальному середовищі і зосередитися на різних видах діяльності, таких як маркетинг і виробництво. Починають з'являтися фінансові стимули для того, щоб мотивувати людей.

Однак настає час, коли продуктів і процесів стає настільки багато, що одній людині неможливо впоратися з усім за один день. Іноді не вистачає часу, іноді потік інформації (продуктів і послуг), який потрібно обробити, занадто великий. В результаті організація вступає в новий кризовий період – кризу автономії. **Криза автономії пов'язана з** необхідністю створення нових структур, заснованих на делегуванні повноважень, а також з проблемами фінансування, пов'язаними з ростом.

Вирішення цієї кризи передбачає не тільки реструктуризацію організації на основі делегування керівних повноважень іншим членам компанії, але й входження в організацію вітчизняного та/або іноземного капіталу.

Етап делегування

Вирішення кризи автономії призводить до делегування повноважень від вищого керівництва до менеджерів середньої ланки. Ці менеджери можуть швидко реагувати на можливості та загрози, пов'язані з новими продуктами, ринками, конкурентами, технологіями, а також бажаннями та очікуваннями клієнтів. Таким чином, організація продовжує зростати.

Люди, які вливають капітал, не обов'язково самі керують компанією. У більшості випадків вони призначають агента, який представляє їх інтереси та забезпечує ефективне використання їх капіталу.

Таке делегування може призвести до **кризи управління**. Керівнику, який хоче продовжувати вирішувати фундаментальні проблеми організації самостійно, важко відпустити повноваження. Однак структура організації стала занадто великою для одного керівника. Таким чином, через гордість багато засновників мимоволі призводять до занепаду своїх організацій.

Вирішення цієї кризи вимагає продуманого делегування повноважень, що передбачає створення посад керівників департаментів та нових офісів (департаментів або дочірніх підприємств). Для руху вперед необхідно буде чітко визначити цілі, завдання та обов'язки нових керівників, а також підтримати їх у виконанні нових завдань.

Етап координації

Зростання продовжується з відокремленням та реорганізацією бізнес-одиниць (департаментів або дочірніх підприємств, залежно від їх юридичного статусу) за групами продуктів, послуг та ресурсів. В ідеалі, цілі є спільними для всієї компанії, в той час як різні підрозділи, які також мають власні цілі, користуються відносною автономією.

Бюрократія стає настільки значною, що витрати на неї негативно впливають на зростання організації. Зростаючи таким чином, адміністративні формальності затьмарюють основну місію організації. Таким чином, ця фаза може призвести до **кризи бюрократії або бюрократизму, що** характеризується втратою гнучкості.

Для подолання цієї кризи компанії необхідно буде створити нову культуру – з акцентом на баченні та ключових завданнях компанії – та запровадити нову, більш гнучку, адаптовану та мотиваційну структуру.

Етап співпраці

В інтересах скорочення витрат і максимізації прибутку фази управління та координації керуються новим, надихаючим і мотивуючим керівництвом, яке спонукає організацію переорієнтуватися на свої пріоритети. Просування по службі, ротація робочих місць і навчання дозволяють людям досягти успіху в роботі. Ця фаза закінчується внутрішньою кризою зростання. У більш широкому сенсі, Грайнер припустив, що зростання через співпрацю може спричинити майбутню кризу, але це залишалося невизначеним у 1972 році.

Майбутній розвиток подій

Нещодавно Ґрайнер додав шосту фазу до своєї оригінальної моделі. Він припускає, що подальше зростання відбуватиметься лише за рахунок аутсорсингу (розвитку партнерства з додатковими організаціями) непрофільних видів діяльності організації.

Ця шоста фаза, яка дозволяє зростати за рахунок позаорганізаційних рішень, має низку основних переваг:

- переорієнтація ключових компетенцій компанії на основний бізнес;

- скорочення розмірів і складності управління (даун-шифтинг);

- стримування витрат (менше фіксованих витрат, пов'язаних з персоналом, і більше комерційних витрат, на які може вплинути конкуренція);

- забезпечення якості (постачальник послуг хоче зберегти свої позиції);

- більша гнучкість для компанії, яка може змінювати партнерів з видобутку (постачальника) та збуту (дистриб'ютора) в залежності від власної стратегії розвитку.

 ІНТЕРПРЕТАЦІЯ СХЕМИ РОЗВИТКУ БІЗНЕСУ

Кожна організація переживає періоди відносної стабільності та періоди кризи. Люди, структури та процедури, які здавалися придатними, коли компанія досягла певного розміру або віку, більше не підходять, коли організація зростає і дозріває. Тому керівництво, знаючи минуле своєї організації, може передбачити майбутню кризу, підготуватися до неї, вживши відповідних заходів для досягнутого етапу розвитку, і таким чином перетворити критичну ситуацію на відправну точку нового етапу зростання.

Не всі організації пройшли через ці п'ять фаз. Деякі з них, якщо вони стають стабільними при даному розмірі та складності, цілком можуть залишатися у відповідній фазі невизначено довго. Лише європейські та особливо американські компанії-гіганти перебувають на останній фазі моделі зростання за Грайнером. Однак будь-яка організація, що розвивається, повинна переживати ці послідовні періоди спокою і кризи, причому швидкість переходу від однієї фази до іншої залежить від темпів розвитку компанії і галузі, в якій вона працює.

У випадку зі стартапом (інноваційна компанія з великим потенціалом розвитку, яка потребує значних інвестицій для фінансування свого швидкого зростання), якщо підприємець бажає втілити свою ідею в реальність і запропонувати продукт або послугу на ринку, він повинен мати не тільки фінансові ресурси, а й управлінські навички, необхідні для запуску, розвитку та забезпечення стійкості бізнесу. Процес розвитку стартапу можна розбити наступним чином:

народження ідеї та пошук партнерів та/або колег;

створення проекту в незнайомому середовищі, а також інформаційний та промоційний етапи;

зацікавленість громадськості в пропонованому продукті або послузі і початок проблем з управлінням запасами і постачанням;

делегування повноважень досвідченим менеджерам відповідно до розвитку компанії;

компанія стає "занадто великою", що призводить до бюрократичних проблем, які перешкоджають розвитку компанії; якщо не внести зміни до стратегії, це може призвести до її занепаду.

Правильне використання моделі зростання Грейнера дозволяє керівникам передбачити наступні кроки і забезпечити стійкість організації, знаючи, що стартапи зазвичай мають від чотирьох до восьми років безперервного зростання без серйозних економічних проблем або серйозних внутрішніх розладів.

ОБМЕЖЕННЯ ТА ПРОДОВЖЕННЯ

ОБМЕЖЕННЯ ТА КРИТИКА

Метою моделі зростання Грейнера є попередження бізнес-лідерів про ймовірне існування криз, з якими зіткнеться їхня компанія в процесі свого зростання. Однак ця теорія має свої недоліки і зазнала низки критичних зауважень:

- По-перше, хоча це правда, що багато організацій зазвичай починають з нескладних органічних структур і закінчують дуже складними структурами, було б нерозумно стверджувати, що всі організації обов'язково проходять через кожну з цих фаз. Деякі підприємства стагнують, регресують або пропускають етапи, в той час як інші викуповуються більшими компаніями або банкрутують.

- По-друге, такий сценарій розвитку компаній залишається занадто теоретичним. На сьогоднішній день в жодному дослідженні не було точно визначено критичних порогів, за якими починаються кризи. Іншими словами, ця модель є скоріше рамковою для аналізу, ніж операційним інструментом.

- Модель зростання Грейнера не проливає світла ні на детермінанти змін, ні на самі процеси змін. Більше того, вона не пояснює причини невдач, глибинні причини змін та шляхи розвитку криз.

- Модель не дозволяє користувачам аналізувати фазу, яка слідує за стадією зрілості, на якій знаходиться більшість сучасних підприємств.

- Нарешті, автор не бере до уваги взаємодію між різними частинами організації або випадковість темпів змін у своєму аналізі.

СПОРІДНЕНІ МОДЕЛІ ТА РОЗШИРЕННЯ

Модель точкової рівноваги

Ця модель спирається на історичний вимір, надаючи лідеру обмежену роль в управлінні змінами. Таким чином, вона схожа на школу волонтерства, оскільки вважає, що більшість систем мають межі з точки зору прийнятних змін. Поза цими межами зростання компанії зазнає фундаментальної реорганізації. Це суперечить моделі, створеній Грейнером.

Авторами моделі переривчастої рівноваги були Елейн Романелі (професор стратегічного та підприємницького менеджменту) та Майкл Л. Тушман (фахівець зі стратегічного менеджменту) у 1983 році. Вони стверджують, що організація переживає тривалі періоди стабільності, що чергуються з періодами стратегічної переорієнтації, які є травматичними для компанії та її стейкхолдерів. Вони характеризують основну структуру компанії відповідно до п'яти вимірів цінностей компанії:

- продукти;

- ринки і технології;

- розподіл влади в організації;

- організаційна структура;

- характер і вид контролю.

Основним прихильником теорії переривчастої рівноваги є Конні Герсік, яка намагається підтвердити застосовність цієї теорії в галузях менеджменту та біології, на різних рівнях аналізу: індивідів, груп індивідів та бізнесу.

Інші розширення

Для того, щоб детально проаналізувати операційні процеси організаційних змін, фінансовий експерт Девід Марш (нар. 1952 р.) розробив теорію змін, яка зосереджується на повсякденному житті організації.

На думку Ендрю Петтігрю (професор стратегії та організації Оксфордського університету, 1944 р.н.), зміни слід розглядати не як певний момент між двома періодами стабільності, а як постійно присутній елемент, який є більш помітним під час кризи. На думку автора, процес організаційних змін можна зрозуміти, подивившись на культуру та політику компанії. Він підкреслює той факт, що організаційні зміни – це формалізація поступового процесу, який не є видимим або запланованим.

Крім того, Генрі Мінцерг (1992) вважає, що існує консенсус щодо того, що узагальнення є менш цінними, ніж висвітлення випадків, обставин і контекстів, де гіпотези підтверджуються. Зміни виходять з вищих рівнів організації і впроваджуються її нижчими рівнями.

ПРАКТИЧНЕ ЗАСТОСУВАННЯ: KODAK

У січні 2012 року світ фотографії сколихнула криза, коли провідний виробник фотоапаратів Kodak оголосив про своє банкрутство. Втім, для компанії Eastman Kodak все починалося добре.

ЕТАП ТВОРЧОСТІ

У результаті досліджень, проведених її засновником Джорджем Істменом (американський промисловець, 1854-1932 рр.), у 1885 році група компаній "Кодак" подала заявку на отримання патенту на спосіб і пристрій для виробництва емульсійних пластин (фотопідкладки для отримання якісних фотографій). Зі своїм гаслом "Ви натискаєте кнопку, ми робимо все інше" знаменитий бренд Kodak вперше з'явився у 1888 році, коли в США були випущені перші фотоапарати з використанням фотоплівки. З цього моменту компанія була визнана новаторською: вона продавала та популяризувала фотоапарати на фотоплівці та складні кишенькові фотоапарати по всьому світу.

Ця фаза зростання призвела до кризи керівництва. Маючи багато заводів і тисячі співробітників по всьому світу, Вільям Г. Стубер (американський менеджер, 1864-1959) замінив Джорджа Істмена на посаді керівника групи Kodak і залишався на цій посаді до 1934 року. Потім його змінили кілька інших досвідчених менеджерів.

ФАЗА НАПРЯМКУ

До 1960 року в компанії Kodak працювало майже 80 000 співробітників. Експоненціальне зростання компанії продовжувалося завдяки багатьом винаходам, включаючи цифрову камеру, розроблену в 1975 році американським інженером Стівом Сассоном (народився в 1950 році). Цей продукт продавався погано або не продавався взагалі, побоюючись завдати шкоди прибутковому ринку фотоплівки, на якому домінував "Кодак". На думку багатьох спостерігачів, саме це оцифрування згодом стане причиною краху транснаціональної компанії. З обсягом продажів понад 10 мільярдів доларів у 1981 році компанія була відома не лише фотоапаратами, а й використанням зображень у сферах дозвілля, телефонів, науки, розваг і комерції.

З метою зміцнення свого впливу компанія "Кодак" уклала угоду з *компанією "Compagnie Générale des Établissements Pathé Frères Phonographhes & Cinématographhes"*, що належала Шарлю Пате (французький піонер кіноіндустрії та звукозапису, 1863-1957 рр.). Результатом цього об'єднання стала компанія "Кодак-Пате", під егідою якої було створено кілька кінофільмів.

Компанія продовжувала інвестувати в дослідження і розробки, тому в ній працювало кілька інженерів, а також кілька рівнів управління. Це створило розрив між керівництвом і дослідницькими лабораторіями, що призвело до деяких невдалих стратегічних рішень. Керівництво не дозволило вивести на ринок деякі революційні інновації (ПЗЗ-датчики зображення, цифрове рентгенівське випромінювання, цифрову фотографію тощо), побоюючись поставити під загрозу високі прибутки від продажу фотоплівки.

Kodak пережила кризу автономії: багато інженерів залишили компанію, щоб продавати свої винаходи в інших місцях за згодою свого колишнього роботодавця.

ЕТАП ДЕЛЕГУВАННЯ ТА КООРДИНАЦІЇ

Незважаючи на незначний спад, зростання компанії продовжилося завдяки значним фінансовим ресурсам (з кожного долара проданої фотоплівки Kodak дослідження отримували п'ять центів).

Розгорталася криза контролю: в лабораторіях панувала відносна свобода дій; комерційні служби надавали перевагу дослідженням, що базувалися на продуктах, а не на технологіях чи потребах споживачів; обговорення та прийняття рішень щодо маркетингу інновацій тривало місяцями, що призводило до втрати дорогоцінного часу. Іноді торгові представники, які відкидали інновацію без аналізу, просили дослідників розробити її через кілька місяців (криза бюрократії).

Для вирішення цієї кризи управління у травні 1983 року генеральним директором Kodak був призначений Колбі Чандлер, який залишався на цій посаді до червня 1990 року. Він відповідав за переосмислення управлінських завдань і функцій. Вирішення кризи бюрократії стало можливим лише після банкрутства компанії в січні 2012 року.

ЕТАП СПІВПРАЦІ

Обмежена протягом багатьох років прибутковим ринком фотоплівки, компанія Kodak пізно вийшла на цифровий ринок і не мала успіху зі своєю лінійкою продуктів EasyShare. З 2007 року компанія зазнала фінансових труднощів. У відповідь вона вирішила продати свої патенти, реструктуризувати свої підрозділи, налагодити нові партнерські відносини, розділитися з кількома партнерами по всьому світу і відмовитися від свого традиційного бізнесу (фотоплівка), щоб більше зосередитися на сучасних технологіях (цифрова фотографія і кіно).

На жаль, всі ці зусилля не принесли очікуваних результатів. У січні 2012 року компанія була взята під захист американського законодавства про банкрутство. Через рік після подачі заяви про банкрутство і закриття 13 заводів, Kodak почала роботу заново, налічуючи 8 500 співробітників. Будучи технічно готовою, компанія розробила програми (все ще на стадії прототипу), щоб повернутися в центр уваги. Однак для того, щоб боязке відновлення було тривалим, потрібні були кілька інновацій, а також натхненні і мотивовані лідери.

На даний момент компанія Kodak пропонує унікальну лінійку струменевих принтерів. Ці принтери нового покоління мають сканер, який може виконувати функції ксерокса, і дозволяють друкувати з меншими витратами у порівнянні з конкурентами, такими як HP або Epson.

РЕЗЮМЕ

- Ларрі Е. Грейнер показав, що компанія протягом свого розвитку переживає чергування фаз зростання і кризи. Ці періоди змін є невід'ємною частиною організації. Для забезпечення своєї стійкості організація повинна враховувати концепцію життєвого циклу і повною мірою використовувати її для отримання переваг і утвердження себе на ринку.

- П'ять фаз життєвого циклу компанії:

    - творчість;

    - напрямку;

    - делегації;

    - координація;

    - співпраця.

- Незважаючи на незаперечні паралелі між життєвим циклом бізнесу та життєвим циклом людини, деякі компанії можуть не пережити останню фазу циклу зростання: занепад або смерть.

- Хоча модель зростання Грейнера є скоріше основою для аналізу, ніж операційним інструментом, модель переривчастої рівноваги показує, що можна вийти за рамки цих підходів з точки зору конкретних циклів змін, зокрема, за допомогою моделі, створеної Ендрю Петтігрю (Andrew Pettigrew).

- Нарешті, історія компанії Kodak показує, що інновації та зміни є ключовими факторами успіху компанії.

ЧИТАТИ ДАЛІ

БІБЛІОГРАФІЯ

Атамер, Т. та Калорі, Р. (1998) *Діагностика та стратегічні рішення*. Париж: Dunod.

Barthélemy, J. (1999) L'externalisation : une forme organisationnelle nouvelle. *Actes de la huitième conférence de l'Association internationale de management stratégique.*

Демерс, К. (2007) *Теорії організаційних змін: Синтез.* Thousand Oaks: Sage Publications, Inc.

Дезремо, А. (1996) Нові форми організації та еволюція підприємства. *Revue française de gestion.* с. 86-108.

Деваль, Е. и Нурі, Г. (2009) *Поняття біологічного циклу інтегроване в управління.* Valence: Institut Supérieur Technologique Montplaisir.

Герсік, К. (1991) Теорії революційних змін: Багаторівневе дослідження парадигми пунктирної рівноваги. *The Academy of Management Review.* Том 16, с. 10-36.

Giordani, Y. (1995) Management stratégique et changement organisationnel : quelles représentations? *Les nouvelles formes organisationnelles.* Paris: Economica. с. 161-179.

Гоулд, С. Дж. (1990) Великий палець *панди.* London: Penguin.

Грайнер, Л. Е. (1972) Еволюція та революція в міру зростання організацій. *Harvard Business Review.* сс. 37-46.

Анріє, Б. (1999) "Управління людськими ресурсами в умовах організаційних перетворень" (La gestion des ressources humaines face aux transformations organisationnelles). *Revue française de gestion*. c. 82-93.

Lemaire, L. (2003) *Systèmes de gestion intégrés. Des technologies à risques?* Paris: Éditions Liaisons.

Мінцберг, Х., Томас, Д.М. та Бенніс, В.Г. (1972) *Стратегічне сафарі: Управління змінами та конфліктами*. Нью-Йорк: Вільна преса.

Peretti, J.-M. (1998) *Ресурси людські та управління персоналом*. Paris: Vuibert.

Perret, V. (No date) *Rythme et processus de changement : processus incrémental ou révolutionnaire*. Dossier Management du Changement et TIC. [Онлайн]. [Accessed 23 December 2014]. Режим доступу: <http://dea128fc.free.fr/CoursA/A2-ManagementChangement&TIC/expo/valery/DEA128FC-Processus%20incr%E9mental%20et%20r%E9volutionnaire.pdf>.

Перре, В. та Жоссеран, Е. (2003) *Le paradoxe. Мислити та діяти по-іншому в організаціях*. Paris: Éditions Ellipses.

Петтігрю, А. (1987) Контекст і дія в трансформації фірми. *Журнал досліджень з менеджменту*. 24(6), pp. 649-670.

Квінн, Дж. Б. (1980) *Стратегії змін: Логічний інкременталізм*. Homewood, Illinois: Richard D. Irwin, Inc.

Рейкс, Р. (1990) "Організаційний вплив новітніх інформаційних технологій" (L'impact organisationnel des nouvelles technologies de l'information). *Revue française de gestion*. c. 100-106.

Романеллі, Е. та Тушман, М. (1996) Інерція, середовище та стратегічний вибір: Квазі-експериментальний дизайн для порівняльного лонгітюдного дослідження. *Наука управління*. 32(5), pp. 608-621.

ДОДАТКОВІ ДЖЕРЕЛА

Маллінс, Л.Д. (2016) *Менеджмент та організаційна поведінка*. Единбург: Pearson.

ДОДАТКОВІ ДЖЕРЕЛА

Маллінс, Л.Д. (2016) *Менеджмент та організаційна поведінка*. Единбург: Pearson.

Ми хочемо почути вас!

Залишайте коментарі в онлайн-бібліотеці

та діліться улюбленими книгами в соціальних мережах

Майстер ISBN : 9782808601238
Паперовий ISBN : 9782808602686
Юридичний депозит: D/2022/12603/269

Цифровий дизайн: Primento,
цифровий партнер видавництва.

www.ingramcontent.com/pod-product-compliance
Lightning Source LLC
LaVergne TN
LVHW010838200726

843508LV00012B/2641